DISCOURS

SUR

L'ÉTAT ACTUEL

DE LA

JURISPRUDENCE,

PRONONCÉ

A L'OUVERTURE DES AUDIENCES, &c.

*PAR M.***, Avocat Général.*

Se trouve **A PARIS,**

Chez P. G. SIMON, Imprimeur du Parlement, rue de la Harpe, à l'Hercule.

M. DCC. LXVIII.

Avec Approbation & Permission.

DISCOURS

SUR

L'ÉTAT ACTUEL

DE LA

JURISPRUDENCE.

AVOCATS,

ES premiers principes de la morale sont des mouvemens de notre ame, plutôt que le produit de nos connoissances & le fruit des combinaisons de notre esprit : ce sont des sentimens qui appartiennent à tous les hommes, & il est peut-être humiliant pour eux que l'équité soit devenue l'objet d'une science

A ij

particuliere, que l'enseignement soit néceffaire pour l'acquérir, & l'autorité pour la faire reconnoître. Mais que ce foit l'ouvrage de la nature, ou la peine de l'avoir altérée, l'expérience nous a appris dès longtems que cette raifon ne fuffit plus pour régler les propriétés civiles ; l'opinion s'eft égarée dans les conféquences des vérités fondamentales, & de la diverfité de ces opinions eft née la Jurifprudence, comme l'excès des maux amène à la fin le reméde qui les tempère ; il faut *une morale pratique, publiée par une autorité légitime*, pour fixer, fi l'on peut le dire, cette aberration perpétuelle, & cette morale pratique n'eft autre chofe que la Loi. Les fociétés fondent fur elle l'immutabilité de l'ordre qu'elles fe propofent ; les Juges la demandent pour les guider ; pour les raffurer dans les fonctions auxquelles ils fe vouent ; les Particu-

liers la réclament comme le titre de
leur patrimoine , & c'eſt à vous
qu'ils s'adreſſent pour en connoître
le ſens , pour en diriger l'application : vous êtes comme les Magiſtrats de la Loi , votre profeſſion eſt
de l'annoncer à ceux qui l'ignorent,
de l'interprêter à ceux qui doutent :
ſoit qu'ils vous interrogent pour apprécier leurs prétentions par vos
réponſes , ſoit qu'ils vous demandent
de défendre dans les Tribunaux la
cauſe que vous avez trouvé juſte ,
leur confiance eſt moins en vos ta-
lens naturels qu'en votre ſcience ;
& que leur ſerviroit votre ſuffrage,
s'il n'étoit appuyé ſur des principes
qui puſſent commander celui des
Juges, & leur ôter cette liberté de
raiſon qui produit l'arbitraire ? Qui
ne ſeroit Avocat , s'il ſuffiſoit de
donner ſon ſentiment pour regle &
ſon raiſonnement pour preuve ? A
quel titre jouiriez-vous de la répu-

tation qui vous diſtingue , & de quel droit feriez-vous auſſi ſouvent les arbitres des fortunes , ſi vous n'aviez à communiquer aux autres hommes que les lumieres que la ré-flexion pourroit donner à tous? Ce n'eſt pas aſſez , pour remplir l'obli-gation de votre état, de ſe conſa-crer à l'habitude des affaires , d'ac-quérir par l'uſage une pratique aveu-gle & le ſtyle du Bareau ; ce n'eſt pas aſſez encore de pouvoir tirer au beſoin de quelque compilation, des fragmens capables d'étayer un avis qui a précédé l'autorité , il faut pou-voir remonter aux principes généra-teurs, ſuivre la progreſſion des con-ſéquences, les étendre à de nouvelles hypothèſes, & les concilier en les multipliant ; vous devez être Juriſ-conſultes enfin , & l'on n'y parvient qu'en étudiant les Loix avec mé-thode.... Mais tandis que nous in-ſiſtons ſur une vérité dont vous êtes

pénétrés, vous interrogez notre pen-
sée sur les moyens de remplir ce
devoir, votre esprit se porte dans
ces cabinets, où de sçavantes collections déposent de vos veilles;
vous remettez sous vos yeux cette
suite immense de volumes, que vous
avez vainement ouverts pour y
trouver cette méthode, & vous at-
tendez notre réponse.... Nous hési-
tons; & que de réflexions se présen-
tent pour nous arrêter ! Mais il en
est une supérieure qui nous entraîne,
c'est le droit de dire des vérités que
l'intérêt public approuve, c'est la
confiance où nous sommes qu'il n'est
aucune Loi qui arrête les progrès
de l'esprit humain, & qu'il est permis de desirer la perfection quand
on l'entrevoit. Pourrions-nous craindre d'exprimer ce vœu dans le sanc-
tuaire de la Justice ? C'est-là sans
doute qu'il doit se former pour s'é-
lever jusqu'au Trône. Hâtons-nous

encore d'annoncer à ceux qu'étonneroit notre hardieffe, que nous marcherons après des guides dont ils ont eux-mêmes confacré la réputation, & jettons un coup d'œil fur l'état actuel de la Jurifprudence.

Tous les Arts, toutes les Sciences fe font enrichis des travaux des fiècles derniers, &, s'il eft permis de le dire avant de le prouver, la feule Jurifprudence n'a point eu de part à cet accroiffement : par quelle fatalité eft-elle retardée dans fa perfection, cette fcience, la plus belle & la plus néceffaire, cette fcience, qui embraffe les chofes divines & humaines, qui légitime les vues de la politique, qui obferve la Philofophie jufqu'en fes méditations, pour profiter de fes lumieres & réprimer fes écarts, qui d'une main foutient l'Autel & le Trône, & de l'autre, répare continuellement les brêches que les paf-

fions des hommes font au grand
édifice de la morale ? Cette science
a-t-elle moins occupé les efprits ?
Non, la Nation peut compter plus
de grands Magiftrats, plus de célè-
bres Jurifconfultes que de Philofophes & d'Artiftes. D'où vient donc
cette différence dans le produit de
leurs occupations ? C'eft que les
Arts & les Sciences acquièrent d'eux-
mêmes tout l'efpace qu'ils parcou-
rent ; à l'inftant que le génie eut
fecoué le joug d'Ariftote & détruit
la fuperftitieufe crédulité de l'ignorance, il put marcher librement vers
la vérité, & chaque pas qu'il fit
vers elle, fut un progrès déterminé
par l'approbation générale : au contraire, la vérité ne fuffit pas pour
perfectionner la Jurifprudence, il
faut qu'elle foit réunie à l'autorité ;
fi l'une peut, à l'aide du tems, affoiblir ou détruire ce que l'autre a établi, elle ne peut au moins réédifier

A v

fans elle : il n'en réfulte donc qu'une oppofition toujours funefte entre la perfuafion & le devoir ; l'autorité du Droit écrit s'éteint & rien ne le remplace. Voilà en peu de mots l'hiftoire de notre Jurifprudence.

Lorfque nous difons notre Jurifprudence, ce n'eft pas le Droit particulier d'une Province, c'eft le Droit de la France que nous confidérons ; car nous fommes loin d'adopter le préjugé de ceux qui, parce qu'ils ont quelques ufages finguliers, quelquefois même bifarres, fe vantent d'avoir des Loix diftinctes pour le petit territoire qu'ils occupent dans l'Etat, fans s'appercevoir que cet attachement aveugle fait le plus grand obftacle au bien général, fans fe douter du moins qu'il les rend involontairement coupables d'affoiblir les liens qui doivent réunir toutes les portions d'une Monarchie ; & puifque c'eft le premier objet fur qui s'arrêtent nos regards, laissons-nous aller tout de suite à l'étonnement que produit l'évidence comparée à l'erreur. Quoi ! Sujets du même Monarque, composant une seule famille dont il est le pere, nous pouvons nous glorifier de Loix, de mœurs différentes de ses autres enfans ! Sortons de la sphère de nos préventions, élançons-nous dans l'avenir, & essayons de nous juger comme la postérité (si toutefois notre vue peut s'étendre jusqu'à celle qui nous considérera dans l'éloignement). Que dira-t-elle, lorsque sa curiosité éveillée par notre gloire, guidée par nos monumens, après avoir admiré la sagesse de notre Gouvernement, après avoir recueilli nos arts & nos connoissances, elle recherchera notre Jurisprudence, comme les Romains étudierent celle d'Athènes, comme nous avons emprunté celle de Rome ? Que pense-

ra t-elle, lorsqu'au lieu d'un Code
général & uniforme, elle ne trouvera qu'un amas d'opinions diverses, lofqu'elle verra un feul peuple,
un feul Légiflateur, & deux cens qua-
tre-vingt-cinq Codes différens ? Si
elle nous compare aux Peuples qui
nous ont précédé, elle s'étonnera
d'abord que nous ayons adopté leurs
Loix fans nous les approprier; elle
s'étonnera enfuite bien plus, que
nous les ayons abandonnées fans les
remplacer, & pour nous en écarter
par divers chemins. C'eft envain
que notre Hiftoire fe flatte de lui
apprendre que ce fut un privilége de
chaque contrée de fe régir par fes
propres Loix, elle ne pourra lui
tranfmettre que nos prétentions, &
l'illufion du titre s'évanouira devant
les conféquences du fait : elle nous
dira, mais fi la vérité n'eft qu'une,
fi, comme l'attefte un de vos Sages,
cela feul eft le Droit, dont on ne

peut s'écarter sans injustice, si la plûpart de ces Loix se contredisent, ces contrées n'ont donc eu que le privilége de rester dans l'erreur ? Voulons-nous que, dépouillant ce privilége de ses couleurs fantasti-ques, elle nous accuse d'avoir re-fusé de concourir aux vues générales de la politique nationale, qu'elle nous reproche un centre d'intérêt éloigné du centre de réunion ; ou si elle nous épargne ce blâme, qu'elle nous plaigne comme autant de peu-ples qui, asservis & non incorporés à un Empire florissant, moins flattés d'en être Citoyens, que vains de ne l'avoir pas toujours été, ne veulent reconnoître d'autre Loi que celle de leur capitulation, qui ne cessent de la réclamer, & se plaisent ainsi à perpétuer le souvenir des bornes qui les en séparoient ? Il n'est point de François, sans doute, que cette image ne forçât à un prompt désa-

veu, tant il fe trouve d'inconfé-
quence dans les fentimens que l'on
admet fans les comparer ; & fi cette
image ne nous abufe, l'impartialité
prendra pour une marque de fervi-
tude, cette diverfité de Loix dont
nous faifons aujourd'hui un trophée
de liberté.

Nous n'examinons pas encore l'o-
rigine des différentes Coutumes qui
compofent aujourd'hui notre Droit,
quoique peut-être cet examen nous
conduiroit auffi furement à la même
conclufion ; mais nous ne fommes
frappés en ce moment que de cette
différence & de fon rapport avec la
politique. Qui ne connoît l'Hiftoire
de nos révolutions? Qui ne fçait que
nos Provinces furent long-tems fou-
mifes à différens Princes, le plus
fouvent en guerre les uns avec les
autres ? Leur politique, d'autant
plus attentive que leur puiffance
étoit plus bornée, étudia tous les

moyens d'affermir leur domination particuliere ; elle sentit la nécessité de produire une union intérieure, de la fortifier par l'aversion de tout ce qui y étoit étranger, il fallut rendre ces peuples ennemis, elle fit servir les Loix à ce dessein ; elle avoit remarqué que leur uniformité conservoit toujours, entre tous ceux qui y étoient soumis, une tendance réciproque & un secret attachement, elle en fut allarmée, & ne s'occupa plus qu'à la détruire. Le Droit Romain que les Gaulois avoient reçu en devenant Citoyens de Rome sous Antonin Caracalla, que les Gots, les Bourguignons & les Francs leur avoient laissé, que Clovis & ses successeurs avoient regardé comme le Droit civil de la Monarchie, devint tout à coup un Droit odieux à ces petits Souverains, parce qu'il étoit commun à leurs Sujets & à leurs voisins ; ils ne songerent qu'à

s'en écarter, sans se mettre en peine
de choisir la route ; ils userent seu-
lement de ces ménagemens adroits
qui conduisent au but sans le laisser
appercevoir, qui accoutument avant
que de commander : & bien-tôt
d'une main hardie l'usage ferma les
canaux qui faisoient couler en nos
Provinces cet *Océan de Jurisprudence.*
Efforcez-vous maintenant, Jurisconsultes, efforcez-vous de concilier
ces usages ; c'est en vain, comme l'a
dit le grand homme qui a porté le
flambeau de la Philosophie sur les
Loix de notre Province, *c'est en vain
que vous cherchez quelque sympathie
entre des Coutumes que l'antipathie a
formées* ; vous ne recueillerez d'autre
fruit de vos travaux, que celui de
nous convaincre peut-être à la fin,
que l'unité que vous voulez trouver
est le vœu du génie, l'ordre de la
politique & le prix de ces sentimens
patriotiques, qui germent également

ment dans le Hameau qui touche la
frontiere , comme dans les lieux
qu'éclaire la majefté du Trône.

Il ne nous refte encore que trop
d'opinions, dont les principes ont
difparu, qui auroient dû fe perdre
avec eux dans l'oubli, ou du moins
changer avec les intérêts & les circonftances qui les avoient produi-
tes; mais entre toutes ces erreurs
que le préjugé nous diffimule, y en
auroit-il une plus frappante que celle
qui tendroit à faire fubfifter , dans
une Monarchie , tout ce que la politique a jugé de plus capable de la
divifer & de la détruire ; à confer-
ver à des peuples réunis, qui n'ont
plus qu'un nom & qu'une patrie,
des ufages qui ne leur ont été donnés
que pour les féparer; qui les ren-
dent en quelque forte étrangers au
fein de la Nation ; qui les réduifent
à ignorer toute leur vie le Droit du
pays où les dignités & les emplois

les appellent ; qui leur défendent d'en adopter les maximes, comme on défendoit aux Spartiates de rapporter le luxe des Perses ; qui leur impriment une gêne continuelle ; qui les jettent dans les questions épineuses du statut réel & du statut personnel, dès qu'ils forment une convention hors de l'étroite enceinte de leur berceau ; qui forcent enfin le même Juge à se faire autant de balances différentes, qu'il y a de différens territoires dans son Ressort, à reprendre, à quitter sur le champ l'une ou l'autre de ces balances, à les changer successivement, non suivant les faits, mais suivant les personnes, sans que jamais il lui soit permis, (si pourtant cela est possible) ni de se préocuper pour la plus juste, ni de corriger la plus imparfaite ?

Si quelqu'un n'étoit pas touché de ces inconvéniens, s'il pouvoit douter sur-tout des effets politiques de la diversité des Loix, qu'il ouvre les fastes des Empires, qu'il interroge l'expérience des siècles, & il les trouvera confirmés par les succès & par les revers. *Par les succès:* Nous pouvons donner en preuve la grandeur de cette République qui, non moins sage que puissante, sçut conserver, par les mœurs, les conquêtes qu'elle avoit faites par les armes; qui ne les crut achevées que quand le Pays conquis avoient reçu ses Loix, & qui regardoit l'uniformité même du langage comme une des plus fortes chaînes pour assurer sa domination. *Par les revers:* Ecoutons le reproche que l'Histoire fait à Philippe II, de n'avoir pas donné à l'Espagne cet ensemble qui fait tout à la fois la beauté & la force des corps politiques, de n'avoir pas formé un seul Royaume, & réuni sous la même législation les Royaumes & les Provinces qui compoſoient ſes vaſtes Etats; & méditons ſur les événemens qu'elle place à la ſuite de cette négligence, & qu'elle en déclare l'effet.

Nous ne pouvons nous diſſimuler que la longue habitude a fortifié, dans chaque Province, une ſorte d'attachement pour le Droit qu'elle a adopté, quoique le tableau des différens objets que cet attachement a ſucceſſivement embraſſés depuis les anciennes Coutumes, juſqu'aux opinions de ceux qui ont réformé les nouvelles, dût peut-être ſuffire pour ramener les eſprits à cette indifférence philoſophique, qui ne laiſſe de paſſion que pour le vrai; mais qu'il eſt rare que l'on remonte aux principes des choſes que l'on trouve établies ! C'eſt une monnoye dont perſonne ne s'aviſe de demander le titre dès qu'elle a cours, & il eſt bien difficile que l'habitude ne confonde à la fin le poids réel & la valeur de convention. Le murmure de l'affection allarmée nous annonce déja les derniers efforts pour défendre l'idole qu'elle s'eft accoutumée à refpecter; déja nous croyons entendre cette maxime d'un génie légiflateur, qui a confacré l'influence du climat fur les mœurs; mais oferoit-on bien nous repréfenter la France comme un autre univers, & chaque territoire coutumier comme un climat différent de celui qui le touche? Qui eft-ce qui affignera des variétés phyfiques, & une diverfe température dans des pays qui ont le même horifon? C'eft peu d'écarter l'application; que le tems ne nous permet-il d'approfondir le principe? Mais nous n'avons rien à regretter, une main fçavante s'eft chargée avant nous d'effacer de nos dogmes politiques, cette opinion trop facilement adoptée fur la foi d'un grand homme, elle y a subſtitué un principe plus vrai, plus fécond : ce ne ſont point les climats, ce ſont les Loix qui décident les mœurs ; nous craignons d'autant moins de le répéter en cette Province, que ſes Juriſconſultes lui ont montré, dans le Code de ſes uſages, des uſages que les Peuples du Nord lui ont apportés. Si ce n'eſt pas la reſſemblance des climats qui les a naturaliſés parmi nous, il faut reconnoître l'influence ſupérieure de la légiſlation, & la néceſſité de l'harmonie des mœurs devient un nouveau motif pour la diriger vers l'uniformité des Loix.

Mais à défaut de raiſonnemens qui convainquent, on nous oppoſera peut-être l'autorité qui décide & qui interdit tout examen de ce qu'elle a conſacré ; ces Coutumes diverſes ont reçu l'approbation de nos Souverains, c'eſt-là que l'obſtination nous attend, contente de nous laiſſer aux priſes avec elle.... Seroit-il poſſible, en effet, que nous euſſions méconnu le plus ſaint de nos devoirs? Le zèle patriotique qui nous a fait embraſſer avec ardeur l'évidence de la raiſon d'Etat que nous venons d'expoſer, auroit-il beſoin d'autre apologiſte que lui-même? Et le deſir de voir perfectionner les Loix, qui ne peut être produit que par la ferme réſolution de les reſpecter, auroit-il pû nous égarer aſſez?.... Non, nous ne craignons pas que l'on nous reproche d'avoir parlé en ce Temple le langage d'un Novateur téméraire; que les jugemens demeurent un inſtant ſuſpendus, & ſans qu'il ſoit beſoin d'invoquer les Légiſlateurs de la Grèce & de Rome, ſans rappeller l'exemple que vient de donner à l'Europe une Nation que nous vantons & qui nous jalouſe, ſans emprunter d'autre autorité que celle qui touche nos cœurs en même-tems qu'elle enchaîne nos opinions, nous nous flattons de justifier le vœu que nous formons : il existe dans l'esprit de notre législation.

Dès le second âge de la France, dans ces tems reculés dont nous déplorons la barbarie, le génie de Charlemagne porta une étincelle de lumiere qui commença à agiter les ténèbres de l'ignorance, comme le premier rayon du jour ébranle l'athmosphère avant que de la pénétrer ; maître absolu de la Monarchie, ce Prince, tout à la fois Conquérant & Législateur, qui mérita le nom de Restaurateur des Lettres, qui eut la gloire de former des Ordonnances que Louis le Grand devoit renouveller, conçut le grand dessein de réformer la Jurisprudence Françoise, d'ajouter ce qui y manquoit, & sur-tout de concilier ce qui étoit opposé.

opposé. Le même deffein occupoit
Saint Louis, lorfqu'il fit mettre en
langue vulgaire tout le Droit de Juftinien, & rédiger une forte de con-
cordance entre les Loix & les faints
Canons. Jufques fous le règne de
Charles VI, nous voyons les Coutumes plutôt tolérées qu'approuvées
par les Rois de France ; & les Jurifconfultes de ce tems ofoient encore
appeller Droit *haineux*, c'eft-à-dire
odieux, tout ce qui s'écartoit du Droit
écrit. Et comment ces Souverains
auroient-ils imprimé le fceau de la
puiffance légiflative à des ufages
qui n'avoient encore d'autres monumens qu'une tradition incertaine,
obfcure, & fouvent *contraire en un
même pays ?* Car c'eft ainfi qu'ils font
rappellés dans cette Loi de Charles VII, qui en ordonna pour la premiere fois la rédaction. Arrêtons-
nous à cette époque intéreffante, &
herchons à connoître l'efprit de

cette difposition, ou plutôt n'héfitons pas à nous en rapporter au plus célèbre des Jurifconfultes François, dont le génie l'eût pénétré, quand il n'auroit pas vécu dans un tems affez prochain pour en recueillir les témoignages. Charles VII ne voulut pas donner une Sanction irrévocable à des ufages qu'il avoit fi bien appréciés ; fon projet (dit Charles Dumoulin) fut d'amaffer toutes ces Coutumes pour en faire une Loi générale ; leur rédaction particuliere ne fut que provifionnelle, & elles ne reçurent d'autorité que pour que les peuples euffent au moins quelque chofe de certain, pendant que l'on travailleroit à la réformation. Voilà donc cette approbation, qui doit encore, après trois fiècles, étouffer nos vœux, & nous faire refpecter, comme l'édifice même, les échafauds dreffés pour fa conftruction. Si quelqu'un s'étonne que ce projet soit demeuré si long-tems sans exécution, qu'il prenne nos annales, & qu'il montre un instant favorable à une aussi vaste entreprise; mais ne devons-nous pas nous féliciter de ce que les siècles passés l'ont laissée toute entière au siècle présent ? Est-ce à nous à regretter que le génie des Architectes qui feront chargés d'élever ce monument, ne soit point gêné par des fondemens, gothiques peut-être, à coup sûr moins réguliers, que l'empreinte de l'âge & le scrupule de détruire les forceroient de conserver ? Avons-nous oublié que les Tables, qui retraçoient encore aux Papinien & aux Ulpien les Loix des Décemvirs, ont produit ces distinctions de Droit civil & de Droit Prétorien, & ce nombre prodigieux de formes & d'actions, qui semblent démentir la sagesse de ces Jurisconsultes, & qu'ils n'ont imaginées que pour concilier les préjugés qu'ils ne pouvoient vaincre, avec les principes qu'ils vouloient établir.

Si le fucceffeur de Charles VII, nous eft diverfement repréfenté par les Hiftoriens, il eft un trait qui frappe dans tous fes tableaux : c'eft la grandeur de fa politique, qui ne laiffa à Richelieu que la gloire d'achever ce qu'il avoit commencé pour affermir l'autorité Royale ; & ce fut une des vûes de cette politique, que le defir qu'il témoigna qu'il n'y eût en France qu'*une Coutume*, qu'un Poids, qu'une Mefure, & que toutes les Loix fuffent mifes en François *dans un beau livre* ; expreffions dignes de remarque, & qui renferment dans leur fimplicité toutes les idées de la plus parfaite légiflation.

Mais pourquoi nous occuper plus long-tems à raffembler tous ces traits épars de lumiere, tandis que nous avons fous les yeux le foyer qui les réunit ? Ouvrons ces belles Ordonnances de Louis XV, qui établissent des principes invariables, sur les dispositions gratuites des propriétés ; c'est-là que l'autorité & la sagesse parlent un même langage, & voici les vérités sublimes qu'elles y ont consignées : » La Justice ne devroit » pas dépendre de la différence des » tems & des lieux, comme elle fait » gloire d'ignorer les personnes.... » Il n'est point de Loix qui ne ren- » ferment le vœu de la perpétuité & » de l'uniformité.... Cette unifor- » mité est également honorable au » Législateur, & avantageuse aux » Sujets... La diversité de Jurispru- » dence produit les plus grands in- » convéniens..... Et quand entre » les opinions diverses, le Législa- » teur ne feroit qu'en autoriser une » feule, fans que le choix fût d'ail- » leurs déterminé, ce feroit encore

B iij

» un grand avantage pour les peu-
» ples ». C'eſt d'après ces grands
principes, que notre auguſte Monarque a annoncé à la France *un
corps de Loix* ; que l'on doute maintenant s'il nous eſt permis d'eſperer
ce qui nous eſt promis ; qui eſt-ce
qui oſera déſormais ſe parer d'un
attachement aveugle aux uſages de
ſon pays, après avoir entendu dans
la bouche de ſon Roi, l'éloge des
Magiſtrats, qui interrogés ſur les
matieres qui devoient fournir le
premier exemple de cette réformation, *uniquement occupés du bien de
la Juſtice, ont eû le courage de préférer
la Juriſprudence la plus ſimple, à celle
que le préjugé de la naiſſance & une
ancienne habitude pouvoient leur rendre plus reſpeclable ?* Pourſuivons donc
notre route, puiſque notre but eſt
légitime, & parcourons autant qu'il
eſt poſſible dans le peu de tems qui
nous reſte, toutes les différentes

parties de notre Jurifprudence.

Avant que d'aller plus loin, déterminons ce que l'on doit entendre ici par Jurifprudence ; eft-ce un aſſemblage de Loix formées fucceſfivement pour différens objets ? Eft-ce un recueil de décifions ifolées ? Non, les Loix les plus fages, les décifions les plus juftes, quand elles pourroient avoir tout embraſſé, ne rempliroient pas encore l'idée de ce terme, elles ne ferviroient qu'à juftifier de plus en plus le reproche que nous adreſſoit il y a déjà longtems un Philofophe *, *d'avoir à nous feuls plus de Loix que tout le refte du monde enfemble* ; prenez, ajoutoit-il, cent mille efpeces, attachez y cent mille Loix, ce nombre n'aura encore aucune proportion avec l'infinie diverfité des actions humaines. C'eft en ce fens que l'on pourra dire qu'un Peuple a beaucoup de Loix & point de Jurifprudence, tant qu'il n'y aura

* Montagne.

pas entre elles cette identité de principes, cette harmonie de conféquences qui donnent un enfemble à ce
qui eft établi, qui préjugent ce qui
n'eft pas prévû, qui s'arrêtent à un
certain nombre de regles uniformes
& invariables, qui produifent enfin
une *équité civile*, capable de guider
furement toutes les opinions au
même but, de ramener prompte-
ment celles qui s'en feroient écar-
tées, & de fermer à jamais le retour à *l'équité naturelle*. L'équité naturelle péut être comparée à un texte
difficile que tous les hommes fe flat-
toient d'entendre, que le plus grand
nombre expliquoit différemment,
& dont il a fallu compromettre le
fens pour s'accorder; dès-lors le Légiflateur en eft le feul interprête légitime, parce qu'il eft le feul qui
puiffe réunir toutes les volontés :
mais ce ne feroit point étendre ce
droit, ce feroit le perdre, que d'en

uſer arbitrairement. Pour péü que l'interprétation légale varie dans les différentes applications, bien-tôt le beſoin de les concilier force de retourner à la ſource, l'incertitude renaît avec la liberté, les ſyſtèmes ſe multiplient comme autant de rayons divergens qui partent du même point, les eſprits ſe trouvent affranchis de cette gêne ſalutaire qui les contenoit dans la même direction, & il n'y a plus d'équité civile. Cependant c'eſt ſur cette diſtinction de l'équité naturelle & de l'équité civile, que repoſent les bornes qui ſéparent la Morale & la Juriſprudence ; c'eſt elle qui fait de cette derniere une ſcience poſitive de tradition, qui met le ſentiment général au-deſſus du ſentiment particulier, & preſque toujours la lumiere à la place de l'illuſion. Voilà ce qui forme eſſentiellement la Juriſprudence, voilà le but qu'elle doit ſe propoſer, &

B v

que n'atteindront jamais des Loix faites pour le moment, ajoutées après coup, ou réformées par parties, qui tranchent à la vérité quelques queftions fréquentes, mais qui n'ont, fi l'on peut parler ainfi, qu'une lettre & point d'efprit ; qui font muettes hors des cas qu'elles expriment, ou ce qui eft plus dangereux, qui ne parlent que pour enhardir la raifon contre l'autorité, en lui offrant le choix de divers principes également confacrés.

Faut-il s'étonner maintenant fi la belle compilation de Juftinien fit oublier les Loix de Gondebaud & de Théodoric, & tous ces Codes différens qui ne contenoient que le tableau des violences des Barbares, le tarif des peines, ou plutôt l'abonnement de l'impunité. Ce fut à cet Art fublime dont Ciceron attribue l'invention à Servius Sulpitius, & qui fut encore bien perfectionné après lui, de poser des maximes fondamentales d'équité , d'y rapporter toutes les décisions , & de leur donner ainsi une sorte de coherence & d'homogenéité , que cette compilation dut la vénération qu'elle inspira à tous les Peuples de l'occident , & dont tels furent les effets à jamais mémorables dans l'Histoire de l'Esprit Humain , que sans le secours d'aucune autorité , par sa seule Sagesse , par la seule force de l'évidence , ce droit rédigé six siecles auparavant à Constantinople , presque aboli dans l'orient par les Basiliques , retrouvé dans un coin de l'Apulie , devint tout à coup la Loi vivante des Peuples de l'Europe , & forma tellement le droit commun de ces Nations, que l'on eût dit qu'elles étoient autant de Provinces de l'Empire , que la politique osa même abuser de cette présomption , & que pour lui ôter cet avantage , Philippe le Bel

fut contraint de déclarer folemnelle-
ment que ce Droit n'avoit en France
qu'un empire de raifon & non de
domination. Tant que ce Droit eft
demeuré parmi nous en vigueur,
nous avons eû une équité civile &
une Jurifprudence ; mais par une ré-
volution malheureufe, déjà déplorée
par les plus grands Magiftrats , *ce
n'eft plus le tems où l'on pouvoit dire
de notre France, que l'on y retrouveroit
la fcience des Loix , fi elle fe perdoit
ailleurs* , parce que , comme le re-
marque l'illuftre Montefquieu , la
facilité d'efprit fervoit plus à apprendre fa profeffion qu'à la faire ;
étrange abus, s'écrie M. le P. Bouhier, dont les gens fages prévoient
les fuites funeftes ! il femble que la
plûpart de nos Avocats ayent honte
de citer aujourd'hui les Loix romaines , & qu'ils fe flattent qu'un beau
raifonnement nous perfuadera plus
que les réfolutions des plus célebres

Jurifconfultes ! L'autorité du Droit écrit s'affoiblit, c'eft un fait qui n'eft que trop certain ; mais pourquoi blâmer de céder au torrent, ceux qui feroient de vains efforts pour l'arrêter ? C'eft une impulfion que tout le monde reçoit, que perfonne n'excite, qui vient de plus loin, & qui eft le produit néceffaire de plufieurs circonftances accumulées. Cette nonchalance que l'on nous reproche dans l'étude du Droit romain, eft bien moins la caufe, que la fuite de fon abandon, & le courage ne manque, que parce que le fruit n'eft plus en proportion du travail. On découvre l'une des plus fortes caufes de cet abandon, dans ce principe lumineux de toute légiflation, que *le mépris des Loix mortes eft une gangréne qui gagne & dévore bien-tôt les Loix vivantes, fi l'on n'a foin de les féparer ;* & qui eft-ce qui pourroit nombrer aujourd'hui, dans cette vaste collection , toutes les Loix qui se trouvent abolies sans être abrogées ? Nous n'entreprendrons pas de donner l'Histoire de toutes ces dérogations successives ; nous nous bornerons à indiquer quelques-unes de celles qui ont fait les breches les plus considérables à ce bel édifice , qui ont détruit son ensemble & ébranlé sa solidité. Et d'abord, la différence dans la forme des Gouvernemens se présente ici comme un obstacle à l'observation de quelques Loix romaines ; mais il faut en convenir, c'est peut-être de toutes les causes qui ont concouru, celle qui a le moins contribué : indépendamment des bornes qui séparent les Loix d'Administration des Loix de Jurisprudence, le Droit écrit semble moins le Droit particulier d'un Empire, que le Droit général des Nations ; & , comme l'a dit un Historien célebre *,

* Fleury.

puifque tout l'efprit de ce Droit ten-
doit à rendre les hommes plus doux,
plus fociables, plus foumis aux Puif-
fances légitimes, & à ruiner les Coutumes de la Barbarie, il ne pouvoit
qu'être d'accord avec l'intérêt des
Souverains.

Il y a d'autres caufes dont le produit eft bien différent; la premiere
eft l'établiffement du Droit Canon;
ce n'eft pas cette Décrétale d'Hono-
rius, qui défendit en France l'enfei-
gnement du Droit de Juftinien, c'eft
l'efprit novateur que les Tribunaux
éccléfiaftiques ont porté dans toutes
les matieres dont ils avoient ufurpé
la compétence, fur le fondement de
l'intervention du ferment; c'eft tout
ce Code de l'Eglife Univerfelle qui
devoit néceffairement introduire
une difcipline conféquente à la lumiere de la révélation, qui a en
quelque forte fpiritualifé plufieurs
Actes civils, qui fait aujourd'hui

partie effentielle de ce que nous nommons Droit civil, & qui n'offre malheureufement pas plus de certitude, pas plus d'uniformité. Nous avons été forcés de le dire publiquement deux fois dans le cours de cette année, lorfqu'après avoir recherché tous les principes fur deux queftions importantes, nous ne pûmes affeoir d'autre conféquence, fi ce n'eft que la Jurifprudence canonique fembloit avoir toujours tout abandonné à la faveur des circonftances, fans fonger à établir aucune Loi précife, fans vouloir rien préjuger hors des cas exprimés. On y trouve, difions nous en le juftifiant par des exemples, on y trouve un grand nombre de regles fages, impérieufes, néceffaires, adoptées dans les premiers tems, puis abolies par une tolérance invétérée & non juftifiée; qui fubfiftent cependant dans un recueil qui leur conferve le caractere de Loix , tandis qu'elles devroient être releguées dans les monumens de l'Hiſtoire , & qui reviennent de tems en tems embarraſſer les opinions ; on y trouve alternativement des époques d'une ſévérité exceſſive & d'un relâchement odieux : les Auteurs ont ſuivis ces révolutions, multiplié ces contradictions ; & il ne reſte, après avoir tout parcouru, tout approfondi , qu'une ſuite de variations , un partage d'opinions , un équilibre d'autorités.

Après le Droit Canon , les Coutumes ſont la principale ſource des dérogations au Droit écrit , ou pour parler plus juſte , ce ſont ces dérogations qui ont pris le nom de Coutumes ; les plus anciennes furent apportées par les Peuples qui conquirent autrefois les Gaules, les autres dérivent du Droit féodal , des Chartres de priviléges , de l'affranchiſſement des Serfs , & nous avons

vû que la politique des Princes &
des Seigneurs particuliers en avoit
produit un grand nombre , fans autre deffein que de fe féparer de la
Loi commune. Ces Coutumes ne furent d'abord qu'une modification du
Droit civil ; bien-tôt elles forme-
rent le Droit principal ; il eût fallu
du moins , comme dit M. le P. Bouhier, donner à chaque Province une
lifte des Loix qui y étoient abrogées,
c'eût été le fupplément le plus utile
à fon ftatut ; mais il femble que l'on
ait craint d'affermir celles qui n'y
auroient pas été comprifes , on a
préféré d'emprunter des décifions
des Coutumes voifines ; les Rédac-
teurs, les Réformateurs y ont ajouté
leurs préjugés ; & les conventions
des Particuliers ont mis elles-mêmes
le ftyle à la place de la Loi , par le
retour fréquent de certaines ftipula-
tions. Ces pays que M. le P. Favre
félicitoit fi juftement de ne recon-

noître que le Droit écrit , qui devoient cet avantage à la fortune qui
les rendit les premieres conquêtes
des Romains , & les dernieres des
Barbares , font eux-mêmes devenus
Coutumiers à bien des égards ; il
n'en eſt plus aucun dans l'Europe
qui conferve ce Droit dans toute ſa
pureté , a dit le ſavant Anglois qui
a ſuivi dans tous les Royaumes les
traces de ſon autorité : on ceſſe de
s'en étonner , lorſqu'on médite cette
penſée ingénieuſe & vraie : *Les Loix
font comme au pillage des Commenta-
teurs* ; lorſqu'on ſe rappelle que dans
un tems où les Loix Romaines n'é-
toient pas encore achevées , où leur
langage étoit vulgaire, où les mœurs
n'avoient pas changé , ſous les Em-
pereurs même , l'eſprit & la lettre
de ces Loix diviſerent déjà les Sec-
tes Proculeienne & Sabinienne. Que
de tems écoulé , que de circonſtan-
ces ont accumulé depuis les erreurs,

les fubtilités , les contradictions des Interprêtes ! Ecoutons encore ces paroles de notre Augufte Monarque : » comme fi les Loix devoient éprou- » ver ce caractere d'incertitude & » d'inftabilité qui eft prefque infé- » parable de tous les ouvrages hu- » mains , il arrive quelquefois que » foit par défaut d'expreffion , foit » par les différentes manieres d'en- » vifager les mêmes objets , la va- » riété des Jugemens , forme d'une » feule Loi , comme autant de Loix » différentes ». Eft-ce affez de preu- ves réunies du peu d'autorité que le Droit romain conferve aujourd'hui parmi nous ? Avancons , & nous en rencontrerons de nouvelles en exa- minant le Droit qui lui fuccede , & ne le remplace pas.

Où puiferons nous déformais cette équité civile qui conftitue la Jurifprudence ? Eft ce dans les Cou- tumes ? Mais on eft d'accord qu'elles ne contiennent toutes qu'un petit nombre de décisions qui n'ont entre-elles d'autre chaîne que la progression des usages ; bornées par l'étendue des matieres, elle le font encore plus par l'autorité, puisqu'elles n'ont de force coactive que par le consentement, puisqu'elles ont toutes le caractere de personalité que les Germains ont introduit dans les Loix des Gaules, puisqu'elles font toutes locales fans excepter celle qu'on a nommée *Maitresse Coutume* & *Généralissime*, & qui n'a fur les autres, que l'avantage de régir le fol où est assise la tour du Louvre. Le recours aux Coutumes voisines fera d'un foible fecours, fi on le restraint, comme Ricard, à expliquer l'une par l'autre deux dispositions conformes fur le même fujet ; fi on l'étend au-delà de cette fage maxime, il introduira fans cesse des innovations, des contrariétés ; tout deviendra arbitraire , jufqu'à la Coutume qu'il faudra confulter , & dont le choix fera peut-être le fort de la queftion; un coup d'œil fur ce qui borde notre territoire , rendra cet inconvénient plus fenfible. Deux Provinces de Droit écrit , trois Coutumieres, & deux autres en partie Coutumieres, voilà les Pays qui avoifinent la Bourgogne , & voilà autant de Jurifprudences différentes.

Arrêtons nous cependant à confidérer ces Coutumes ; qui eft - ce qui oferoit les mettre en parallele avec le Droit écrit ? Ce feroit, fuivant Charondas,affimiler le Tyran au Roi légitime. Le Droit écrit eft le fruit des méditations des plus beaux génies de l'antiquité, il a enlevé les fuffrages de tous les Philofophes, de tous les Jurifconfultes, de ceux même qui ont eu le plus de part à l'aggrandiffement du Droit coutumier, c'eft l'ouvrage des Sa-

ges d'une Nation fameufe, dans un
fiecle éclairé, épuré par le tems,
reconnu & adopté par les Sages de
plufieurs Nations : Les Coutumes
au contraire fe font établies dans
des jours de ténébres, d'ignorance,
(quelquesuns ajoutent, de violence;)
elles ne font fondées que fur l'ufage,
elles ont été rédigées par des Praticiens, & ne peuvent former que des
Praticiens ; on ne fçauroit, dit le
Savant Commentateur d'Henrys, y
trouver aucun principe d'une faine
Jurifprudence. Là c'eft un faifceau
de lumieres placé fur une élévation
qui lance fes rayons par-deffus les
barrieres qui féparent les Empires ;
ici c'eft un feu pâle & languiffant,
enfermé dans une vallée étroite,
que l'on n'apperçoit plus à quelque
diftance, & qui éblouit fans éclairer
ceux qui l'environnent : rien de
moins médité, de moins pefé, de
plus précipité que nos Coutumes ;

c'eſt Dumoulin lui - même qui s'en plaint, & qui eſt-ce qui ne l'a point dit avec lui ? Il faudroit épuiſer la liſte des noms célébrès dans la Juriſ-prudence françoiſe, pour en raſſem-bler les témoignages : on y trouve-roit les Cujas, les Henrys, les Ri-card, les Bretonnier ; on y verroit M. d'Argentré, déplorer le tumulte des aſſemblées où ces Coutumes fu-rent approuvées, & l'abus des trois Etats, opinant ſur ce qu'ils ne pou-vòient entendre ; on y verroit notre illuſtre Bouhier. . . . Mais puiſqu'ils n'ont tous qu'une même voix, que ſert de nous appéſantir ſur leurs expreſſions différentes ? Paſſons aux réformations, peut - être eſt-ce - là que nous devons chercher ce qui manque aux Coutumes ; mais qu'eſt-ce que ces réformations ? Repon-dons avec Chopin, *des Loix nouvelles des triumvirs réformateurs* ; Hêvin re-marque que l'on y a quelquefois laiſſé subsister le Droit abrogé avec le Droit nouveau ; jusques dans la derniere réformation de la premiere Coutume du Royaume, on a relevé des erreurs d'expressions qui nous feroient presque appréhender de voir établir une Jurisprudence en notre langue, s'il nous étoit encore permis d'en emprunter une autre dans l'état de perfection qu'elle a acquis, dans le degré de splendeur où nous sommes parvenus ; les plus grands hommes d'entre les réformateurs n'étoient pas même d'accord des principes sur lesquels ils devoient travailler, quelques-uns comme M. le P. Lizet, pénétré de l'excellence du Droit écrit, lui rendirent tout ce qu'ils purent arracher à l'empire de la Coutume ; d'autres, comme M. de Thou, ne s'occuperent qu'à perfectionner un Droit qui leur sembloit plus appartenir à la France, & les réformations qu'ils dirigerent portent encore l'empreinte de la contrariété de leurs syftêmes.

Que refte-t-il après cela pour fonder une Jurifprudence ? Les Ordonnances de nos Roîs ! Ah ! que ne pouvons-nous nous flatter d'y trouver la régle de tous nos Jugemens ! c'eft là que s'adreffe d'abord le Plaideur inquiet, il eft raffuré fi cet oracle lui eft favorable, il ne recourt aux autres Loix, que quand celle-ci eft muette fur ce qui le touche ; c'eft là que l'Avocat vient puifer une confiance qui ne peut le tromper ; c'eft là enfin que le Juge indécis s'arrête tout à coup fans craindre les réflexions tardives, l'amour du Légiflateur fe mêle au refpect de la Loi, ce fentiment s'attache au texte, & le défend des entreprifes de la raifon qui ne cherche à le commenter que pour le détruire : mais les anciennes Ordonnances n'ont eu pour objet que la Police générale du

Royaume ; on en trouve très-peu
avant Louis XII, qui ayent trait à
la Justice distributive : ce Monarque
si justement nommé le pere du Peuple, fut le premier qui y donna une
attention particuliere ; & quoique
ces Loix se soient beaucoup multi-
pliées depuis son regne, comme le
plus grand nombre s'occupe princi-
palement de la procédure & des for-
malités, comme les autres n'embras-
sent que quelques matieres, on ne
peut pas dire encore qu'elles forment un corps de Jurisprudence. Si
ces Ordonnances ont quelquefois
prononcé l'abrogation légale de
quelques Loix romaines, elles en
ont le plus souvent confirmé les
principes, & nous leur devons peut-
être tout ce qui nous reste de ce
Droit, & que sans elles l'Esprit
coutumier général eût encore usur-
pé. *L'Esprit coutumier général* ! quel
titre ! il semble annoncer tout ce

que nous regrettons , tout ce que nous défirons ; on nous le repréfente effectivement comme un monument élevé fur les débris des Loix romaines , on nous repréfente ces Loix comme des ceintres qui ont fervi à conftruire des voûtes, & qui deviennent inutiles quand elles font fermées & fufpendues. Il eft bien vrai que l'Efprit coutumier général s'eft emparé de toute la Jurifprudence Françoife , qu'il fe reproduit dans tous les Ouvrages modernes , qu'il a percé jufques dans les Provinces dont le Statut renvoye au Droit écrit ; on peu déjà l'apprécier cet Efprit , par l'idée que nous avons donnée des fources ou il eft puifé , c'eft ici fur-tout que nous nous applaudiffons de pouvoir nommer nos guides , & de n'avoir pas à frayer la route ; nous oferons répéter ce que peut-être nous n'aurions pas ofé dire, du moins avec autant d'énergie :

cet Esprit coutumier général est une chimere, un être de raison ; *ces grands* mots de *Droit Commun Coutumier*, de *Maximes Coutumieres*, nous trompent & nous égarent. Dumoulin est le premier qui ait rapproché ces expressions ; ce Jurisconsulte (d'ailleurs si grand admirateur du Droit romain,) s'apperçut sans doute le premier de l'affoiblissement de son autorité ; il vit peut-être plus clairement l'impossibilité de lui rendre le respect qui lui avoit tenu lieu de fanction, il augmenta le mal en préparant le reméde, & fonda pour ainsi dire un Droit nouveau sur cette opinion nouvelle, qu'il ne devoit être consulté qu'en dernier ordre. Ce système a produit depuis plusieurs Codes de Droit françois : Chopin, Loisel, Charondas, l'Hommeau, la Thaumassiere, Pocquet de Livoniere, & en dernier lieu Bourjon, ont tenté de réunir en corps ces

principes Coutumiers ; mais com-
bien y en a t'il qui foient reçus dans
toute la France , qui conviennent à
toutes les Provinces , qui s'accor-
dent avec toutes les Coutumes ?
Nous n'entreprendrons pas d'en faire
la réduction ; mais que ceux qui feroient frappés du titre impofant de
ces collections , apprennent à s'en
défier ; qu'ils ouvrent les favantes
Differtations de M. le P. Bouhier ,
c'eft-là qu'ils verront par des exemples multipliés , le danger d'accorder
à ces fortes d'ouvrages , une confiance qui devroit décroitre le plus
fouvent, en proportion de l'eftime
qu'ils ont obtenue dans le Pays
dont ils confacrent les maximes.

Tel eft cependant aujourd'hui le
type des productions de la Jurifprudence , tel eft l'efprit dans lequel
on recueille les décifions des Tribunaux : décifions bien dignes d'être
infcrites fur les tables de notre Droit,

si l'on ne confidére que les travaux
& les lumieres, foit des Jurifconfultes qui les préparent, foit des Magiftrats qui les forment : décifions
qui nous auroient bien-tôt rendu un
corps de Jurifprudence, fi elles pouvoient être univoques, fi elles par-
toient toutes du même point, fi
elles n'avoient qu'à étendre les conféquences des mêmes principes, s'il
n'étoit pas permis enfin aux compi-
lateurs de confondre & d'oppofer
arbitrairement les queftions abftrai-
tes & les hypothèfes particulieres,
les folutions générales & les excep-
tions juftifiées par les circonftances :
mais d'une part la diverfité des Coutumes borne néceffairement à chaque Province l'avantage du plus
grand nombre de ces décifions ; là
elles font conféquentes au Droit
Statutaire, ici elles feroient des
innovations pernicieufes ; d'autre
part, la variété infinie des efpeces,

ouvre une source intarissable de dis-
cussions ; elle donne à ces préjugés
l'inconvénient des Loix qui raison-
nent plus qu'elles ne commandent ,
& plus on les multiplie, plus on sur-
charge la Jurisprudence. Empruntons
encore les termes du Magistrat dont
s'honore ce Barreau : » Nous som-
» mes inondés de compilations où
» tout est mis en controverse, &
» qui conduisent droit au Pyrrho-
» nisme ; » qui est-ce qui doute en
effet que cette abondance ne soit par
elle-même un abus considérable :
l'Auteur de l'Esprit des Loix la re-
garde comme un mal nécessaire que
le Législateur corrige de tems en
tems ; elle est parvenue au point
que l'on est forcé de convenir qu'il
n'est plus possible à un seul homme
d'embrasser & de connoître toutes
les parties de cette science ; les vrais
principes se perdent & s'obscurcis-
sent dans ce nombre infini de volu-

mes, ils font exactement pour les
Jurifconfultes, ce que la multiplicité
des chemins eft pour les voyageurs.
Les Athéniens recueilloient de tems
en tems les Loix furannées ; contra-
dictoires & inutiles, pour diminuer
& épurer le Code ; Théodofe &
Valentinien accorderent l'autorité
légale à quelques Ouvrages, pour
ôter l'incertitude qui commençoit à
naître du trop grand nombre ; lorfque Juftinien fit travailler au digefte,
on comptoit plus de deux mille volumes de Jurifprudence ; on s'applau-
dit d'une abondance qui ne poúvoit
qu'éclairer le choix, mais le choix
formé, le plus grand avantage que
l'on retira de ce travail, fut la fup-
preffion & l'oubli de tout ce qui
n'avoit pas été employé. N'avons-
nous pas aujourd'hui bien plus de
raifon de défirer la même réforme ?
Ne cefferons-nous d'établir & d'a-
jouter fans jamais réduire, fans ja-

mais concilier ? En fait d'opinions ; retrancher, c'eſt acquerir, & où eſt ce que l'opinion a plus béſoin d'être reſſerrée ?.... Mais ceſſons de nous livrer à des réflexions qui nous con-duiroient peut-être au-delà du but que nous nous ſommes propoſé , il eſt rempli, ſi par ce rapide examen de l'état aĉtuel de la Juriſprudence, nous ſommes parvenus à faire ré-péter notre vœu à tous ceux qui nous écoutent, à leur faire partager là confiance où nous ſommes de le voir exaucé; confiance ſoutenue par tant de motifs, mais ſur-tout, comme Pline l'écrivoit à Trajan, par le bon-heur des tems qui permet aux Ci-toyens d'eſperer tout ce qui eſt juſte, tout ce qui eſt utile , tout ce qui eſt grand. Il ne nous reſte après cela qu'à les exhorter à ſe montrer di-gnes d'un bien ſi précieux par leur reſpeĉt pour les Loix qui ſubſiſtent, par leur application à les étudier ;

& leur docilité à les suivre tant qu'elles subsisteront, puisqu'il n'appartient qu'à elles - mêmes de se changer. . . . .
. . . .
. . . .

F I N.